EMMANUEL

MARQUIS

DE LAS CASES

Comte et Sénateur de l'Empire.

NOTICE.

« Nous nommons le Cte de Las Cases, et à son défaut son fils,
« et à son défaut le général Drouot, trésorier. »

4e Codicile du Testament de Napoléon Ier
Longwood, 24 avril 1821.

PARIS

IMPRIMERIE DE W. REMQUET ET Cie,

Successeurs de Paul Renouard,

rue Garancière, n. 5, derrière St-Sulpice.

exploitation qu'il y avait créée. Tout le monde y appréciait la noblesse de son caractère, la loyauté de ses procédés, son affabilité, sa bienfaisance et toutes les qualités qui le distinguaient si éminemment. Le pays, à son tour, l'avait adopté, en l'appelant, par ses suffrages, au conseil général du département. S. M. l'Empereur avait daigné l'élever à l'une des hautes dignités de l'Empire. Enfin, il était assez heureux pour trouver, dans une des familles les plus honorables de l'Anjou, une compagne bien digne de lui. Au moment où il venait de former cette union, qui lui offrait tous les gages de bonheur, une maladie aiguë l'a enlevé, en peu de jours, à sa famille et à ses nombreux amis !

Ses obsèques ont eu lieu le mardi 11 juillet, à Passy, avec toute la pompe qu'exigeaient son rang et sa dignité.

S. M. l'Empereur avait daigné y envoyer, dans une des voitures de la cour, l'un de ses chambellans, M. le duc de Tarente. S. A. I. le prince Jérôme Napoléon avait bien voulu s'y faire représenter par son premier aide-de-camp, M. le général marquis de Ricard, et par son écuyer commandant, M. le commandant Robert. M. le général marquis d'Hautpoul, grand référendaire du Sénat, plusieurs membres du Sénat, du conseil d'État, du Corps législatif et des autres corps de l'État, ainsi qu'un grand nombre d'amis du défunt, étaient venus lui donner cette dernière preuve de leur affection et de leurs regrets.

Les cordons du char étaient tenus par MM. le baron Heeckeren et Le Verrier, membres du Sénat ; le baron Boulay (de la Meurthe), conseiller d'État ; Belmontet, membre du Corps législatif; Germanowski, ancien colonel qui avait suivi l'Empereur à l'île d'Elbe et Santini, l'un des fidèles de Sainte-Hélène, aujourd'hui gardien du tombeau de Napoléon.

On remarquait, parmi les nombreux assistants, MM. Pierron, Archambault et quelques autres serviteurs de Sainte-Hélène, qui avaient voulu rendre les derniers devoirs au dernier des courtisans de l'exil.

Les honneurs militaires ont été rendus par quatre compagnies d'infanterie, commandées par un chef de bataillon.

Le deuil était conduit par le frère du défunt, le baron Barthélemy de Las Cases, accompagné de ses deux jeunes fils.

Au moment où l'on déposait le cercueil dans le caveau de la famille, M. le sénateur comte Boulay (de la Meurthe), l'aîné d'une autre famille si intimement liée depuis longtemps avec celle du défunt, a prononcé d'une voix émue le discours suivant :

« Emmanuel de Las Cases avait à peine quinze ans, quand, à la suite de son père, il accompagna Napoléon à Sainte-Hélène.

« Cette circonstance décida de sa vie. Autour d'elle ont gravité tous ses sentiments, toutes ses pensées, tous ses actes.

« Ses études avaient été interrompues; il les compléta au contact de la plus grande infortune. L'Empereur l'aimait; il l'appelait son fils. Il lui donna des leçons d'arithmétique, d'histoire et de géographie; il en fit son secrétaire. Dans ce rapprochement, dans cette intimité de chaque jour, Emmanuel put contempler cette âme à nu; il y prit sur le fait son ardent amour de la gloire, de la patrie, de l'humanité, foyers où le génie s'allume. Il connut à des signes certains le respect de Napoléon pour la régénération de tout un peuple, et la sainte mission qu'il s'imposa de la consacrer. Emmanuel pénétra plus profondément encore dans sa nature; il constata cette passion pour ce qui était juste et honnête, ce sens droit, cet esprit modéré, ce goût du simple et du vrai, et surtout cette exquise bonté qui s'alliait si bien en lui avec la plus haute intelligence et la plus puissante énergie morale. Quels meilleurs enseignements le jeune Las Cases eût-il pu recevoir? « Il a vécu, disait-il, d'après les principes qu'il « avait puisés à Sainte-Hélène auprès de l'Empereur. »

« Napoléon n'oublia jamais Emmanuel; à cinq ans de là il le nomma dans son testament et le désigna, à défaut de son père, comme trésorier de sa succession.

« Après dix-huit mois de séjour à Sainte-Hélène, arraché avec son père à cet affreux rocher, longtemps retenu au Cap de Bonne-Espérance, quand il eut recouvré sa liberté, il n'eut plus que deux pensées, celle de retourner auprès de Napoléon, ce qu'il ne put obtenir, et celle de le venger des outrages d'Hudson-Lowe. Il en attendit cinq ans l'occasion; il alla la chercher à Londres même. Il provoqua, aux yeux et aux applaudissements de ses compatriotes, celui que le martyr de Sainte-Hélène a qualifié de bourreau, et n'en ayant essuyé que des refus, il le frappa de sa cravache au visage. Sept jours pleins il l'attendit, sans quitter la place, bravant ainsi le péril que lui créaient les lois anglaises, jusqu'à ce qu'enfin il dut avoir recours à sa présence d'esprit pour s'y soustraire. Trois ans plus tard, à quelques pas d'ici, il faillit être victime d'un assassinat, crime aussi lâchement que savamment combiné, auquel il n'échappa que par miracle, et dont la police d'alors ne découvrit pas l'instigateur.

« Emmanuel de Las Cases s'était préparé par de fortes études à la vie politique. Dès 1828, il demanda, par des pétitions à la chambre des députés et dans un écrit qui fit sensation, que l'âge des éligibles fût abaissé à trente ans et celui des électeurs à vingt-cinq ans. Cette réforme était mûre, et fut opérée après la révolution de Juillet.

« Il prit parti pour cette révolution, qui, dans son principe, était la revanche de Waterloo et la consécration définitive de la Révolution de 89. Il combattit les armes à la main ; il donna des signatures à l'Hôtel-de-Ville ; il stimula les députés à l'hôtel Laffitte ; il remplit les fonctions d'aide-de-camp du maréchal Gérard, et reçut peu après la décoration de la Légion d'honneur et celle de Juillet.

« Aux premières élections qui suivirent la Révolution de 1830, il fut élu député dans le Finistère. Il avait à peine trente ans et était le plus jeune membre de la chambre. Toujours réélu, il y siégea dix-huit ans. Il y fut nommé huit fois secrétaire. Il prit une part honorable à ses travaux ; il proposa notamment un projet de loi sur l'instruction primaire, qui mit le gouvernement dans la nécessité de présenter celui qui devint plus tard la loi de 1833.

« En 1837, il consentit à se charger de négocier, à titre de ministre plénipotentiaire, avec le gouvernement haïtien, la solution de la question de l'indemnité des colons, question délicate, qui depuis douze ans restait indécise, et dont il parvint à dénouer heureusement les difficultés.

« En 1840, il fit partie de l'expédition qui eut pour mission d'aller chercher à Sainte-Hélène les restes mortels de Napoléon et de les rapporter en France. Il publia de cette expédition une relation touchante, témoignage de la vivacité toujours nouvelle d'impressions reçues à vingt-quatre ans de distance, souvenirs impérissables de sa vie.

« Las Cases avait été comblé des marques de l'estime publique. Il ne tint pas au gouvernement qu'il ne se l'attachât par les liens les plus étroits. Mais, quoiqu'il ne fût pas insensible à de bons procédés, de tout ce qui lui fut offert, il n'accepta que des fonctions gratuites, occasions de servir son pays, et des récompenses honorifiques, juste prix de services rendus. Il refusa surtout de s'attacher aux personnes par des charges de cour. Il sut garder ainsi la dignité de ses affections ; et cependant, courageux et loyal, il ne déserta pas son poste à la révolution de Février.

« Quand, après avoir, durant un demi-siècle, acclamé sept fois le même nom, la voix du peuple eut fait de Napoléon III le dispensateur des actes de justice et de munificence nationale, Las Cases fut appelé par lui à siéger au Sénat. Il y prit place avec un profond sentiment de gratitude, et cette joie légitime que donne à l'homme public le triomphe de la cause, objet du culte de toute sa vie.

« Aussi tous ses vœux semblaient satisfaits : Napoléon Ier *reposait sur les rives de la Seine;* Napoléon III avait relevé ce glorieux drapeau de l'Empire, à l'ombre duquel renaissent la grandeur et la prospérité de la France. Toutefois, il manquait une condition à la félicité de Las Cases, une compagne qui la partageât.

« Tant que son père avait vécu, il avait été le gardien de sa vieillesse, secondant dans cette fonction pieuse une sœur, modèle d'amour filial et fraternel.

« Depuis la mort de son père, depuis le mariage de cette sœur, l'isolement s'était fait autour de lui. Le bonheur dont elle jouissait, celui d'un frère, précédemment marié, ses habitudes d'existence intérieure, tout le sollicitait à suivre leur exemple. Jusque dans le choix d'une épouse, il s'était inspiré du sentiment qui avait dominé sa vie. Il avait rencontré dans Mlle de Sevret la fille d'un volontaire de 92, colonel en 1813, licencié après les Cent jours, glorieux et fidèle défenseur de la cause nationale. Elle-même était digne tout à la fois de son père et de ce mari qu'elle aussi avait su choisir. Cet hymen venait de se conclure. Il promettait encore de nombreuses années de bonheur.

« Hélas! ce bonheur n'a duré qu'un jour. Dès le lendemain, l'inquiétude, puis les angoisses; une semaine s'écoule, la mort, la douleur amère, les regrets éternels!... A ceux qui sont frappés de pareils coups, il ne reste qu'à s'incliner sous la main divine. Cette épreuve cruelle a été noblement, religieusement subie par cette veuve, à peine épouse, et par cette famille patriarcale qui l'avait adoptée et qui l'entoure de ses soins.

« Emmanuel de Las Cases n'est plus! La France et l'Empereur ont perdu en lui un bon citoyen, un ami sincère, qui pouvait mettre à leur service une remar-

quable aptitude pour les affaires, des connaissances
multipliées, une longue habitude du travail et un cou-
rage éprouvé.

« Homme politique, il s'est rendu recommandable
par l'unité de sa vie, sa probité rigide, son amour du
bien public, son désintéressement personnel.

« La célébrité qui s'attache à son nom excitait d'a-
bord la sympathie en sa faveur. Ce sentiment devenait
bientôt un attachement profond chez ceux à qui il
était donné de connaître sa bienveillance naturelle,
l'aménité de son caractère, la simplicité de ses mœurs,
la grâce et la finesse de son esprit. Nul ne fut jamais
plus cher à ses amis.

« Il a traversé cette vie terrestre en homme de bien,
soutenu par des sentiments religieux qui, pour n'avoir
pas éclaté avec faste au dehors, n'en vivaient que plus
sincères au fond de son cœur. « Je supplie mon bien-
« aimé frère, dit-il dans l'acte de ses dernières volon-
« tés, tracé de sa main, huit heures avant sa mort, de
« faire élever ses enfants dans les principes religieux
« et la connaissance de Dieu, qui ont fait par-dessus
« tout le bonheur et la consolation de ma vie. »

« Déposons sa dépouille mortelle dans ce caveau de
famille, et disons-nous que son âme est maintenant
aux pieds de Dieu, en présence de celle de son père et
de celle de Napoléon, sa récompense là-haut de ce
qu'il fut ici-bas. »

Ce discours a été accueilli par une vive sympathie,
comme étant l'expression la plus vraie des sentiments
et de la douleur de tous les assistants, en même temps

qu'un juste hommage rendu au noble caractère, aux vertus, aux qualités éminentes et aux services du comte Emmanuel de Las Cases.

M. Belmontet, membre du Corps législatif, a pris ensuite la parole et a rappelé avec beaucoup de bonheur et de sentiment, les premières années de la jeunesse du défunt, écoulées sur le rocher de Sainte-Hélène.

« Messieurs, en présence de cette dépouille qui renfermait une âme d'honnête homme et de bon citoyen, est-ce la douleur qui doit se faire entendre ou l'estime qui doit faire son dernier salut à cette noble existence qui vient de finir ?

« Si les regrets sont profonds et légitimes, n'y a-t-il pas les consolations qui les rendent moins amères ? Jeune encore, surtout du côté de l'âme, M. Emmanuel de Las Cases a cependant largement vécu, car il a rempli d'immenses devoirs qui le rendent immortel dans notre mémoire. Sous la poussière qui les couvre, les Las Cases sont impérissables ; le cercueil des braves gens n'est que le reliquaire de leurs débris honorés. La réputation qu'on laisse, le nom qu'on lègue à l'histoire, les glorieux souvenirs auxquels on fut fidèle, constituent ici-bas l'homme tout entier. A ces titres, M. de Las Cases est devenu, non pas une dépouille, mais une brillante individualité qui n'a rien de commun avec le tombeau.

« Il était à la fois l'un des hommes les plus purs de notre époque et l'une des fidélités de Sainte-Hélène. A côté de l'honneur d'avoir vécu de la vie du grand homme, rien, disait-il, ne comptait pour lui, car il est des positions qui obligent encore plus que la noblesse.

« Avoir un culte dans le cœur, aimer un grand homme, souffrir de ce qu'il souffrait, voilà de quoi remplir l'espace défini que Dieu nous donne pour revenir à lui. Telle a été la félicité longtemps cachée de ceux qui se sont consacrés à la glorification du grand Empire et du grand Empereur, et rien au monde ne peut égaler le bonheur des apôtres d'un passé glorieux.

« Aimer l'Empereur, c'était régler sa vie sur ses inspirations, marcher droit et ferme, comme si l'on était toujours vu de lui ; c'était aimer la patrie dans la foi de l'abnégation et la poursuite du bien.

« M. Emmanuel de Las Cases a suivi invariablement cette règle. Une âme énergique se faisait sentir dans ce frêle corps, qui avait gardé le cachet des saintes misères de Sainte-Hélène. L'Empereur l'avait touché de sa grande âme. Ne l'a-t-il pas souvent appelé mon fils ?

« L'acte le plus éclatant de sa vie, vous le connaissez tous, et je n'ai point à vous rappeler l'occasion solennelle où il a infligé le stigmate d'une vengeance d'honneur sur la face d'un homme que le monde entier a poursuivi de son mépris, et que les siens eux-mêmes ont désavoué.

« M. de Las Cases a revu nos aigles rouvrant leurs ailes pour porter haut encore les destinées du pays. Il avait été de ceux qui allèrent chercher les cendres du grand homme ; il a été de ceux que le neveu de l'illustre mort a été chercher dans sa vie modeste et laborieuse, pour en faire une des illustrations du Sénat.

« Si la mort a surpris cet homme de bien au moment
où il allait revivre dans les douces félicités de la famille, il a eu sa vie complète, car, plus heureux que
son illustre père, il a joui de la résurrection impériale.
Cette joie a absorbé toute sa vitalité. Il est tombé en
un jour; et si quelque chose peut nous consoler de sa
perte, c'est l'honneur de la carrière qu'il a parcourue.
Il est beau d'avoir pu tracer une ligne sur une si belle
page de l'histoire. N'ayons donc pas la faiblesse de le
pleurer : les Las Cases ne meurent pas : »

Dans toutes les communes où s'étendent les travaux
de l'industrie qu'il avait créée, et principalement dans
le canton de Chalonnes, la mort du comte Emmanuel
de Las Cases avait causé, on peut le dire, un deuil
général. Il a été célébré pour lui dans ces communes
un service religieux, et voici en quels termes le *Journal
de Maine-et-Loire* et le *Conseiller de l'Ouest* ont
rendu compte de cette cérémonie :

« Il y a quelques jours, vous annonciez la perte que
vient de faire le canton de Chalonnes, dans la personne
de M. le comte Emmanuel de Las Cases, enlevé si ra-
pidement à ses parents et à ses amis, après quelques
jours de maladie.

« Mardi dernier, l'église de Saint-Maurille, de Chalonnes, réunissait une affluence considérable d'assistants, qui venaient rendre un dernier hommage à l'honorable défunt, pour lequel la famille faisait dire un
service.

« Permettez-moi aujourd'hui, Monsieur le rédacteur,

de consacrer quelques lignes, dans votre journal, à la mémoire de cet homme éminent, qui m'a honoré de son amitié, dans les différentes circonstances qui m'ont mis en rapport avec lui.

« Mon intention n'est point ici de passer en revue la vie politique de M. de Las Cases; ce n'est point de ce côté que j'ai été à même de l'apprécier. Le nom qu'il portait, du reste, en dit assez, à mon avis, pour qu'il soit inutile de retracer les actes de sa vie qui l'ont mis au rang des citoyens dont l'histoire perpétue la mémoire !

« M. de Las Cases a toujours fait le bien dans le canton de Chalonnes. Il n'a jamais fait attention à la position des personnes qui réclamaient de lui un service : qu'elles fussent amies ou ennemies des siens. Propriétaire d'une exploitation importante, il a partagé avec son frère, M. Barthélemy de Las Cases, le mérite d'être le père de ses ouvriers plutôt que leur chef. Chalonnes, en particulier, lui doit toutes les améliorations qui en ont fait, depuis quelques années, une ville prospère ; aussi les habitants conserveront-ils, pour les membres restants de la famille, la vive sympathie qu'ils témoignaient, depuis longtemps déjà, à M. le comte Emmanuel.

« M. de Las Cases avait toutes les qualités du cœur : c'est le plus bel éloge qu'on puisse faire à sa mémoire.

« Agréez, etc.

CH. DROUARD.

« Chalonnes-sur-Loire, 20 juillet 1854. »

Le *Journal de Maine-et-Loire* insérait l'article suivant :

« Hier était célébré dans l'église de Chalonnes et dans chacune des autres églises de ce canton un service de huitaine à la mémoire du marquis de Las Cases, comte et sénateur de l'Empire.

« L'empressement de la population à se rendre à cette cérémonie funèbre, montrait combien étaient grands et sincères les regrets de tous ceux qui avaient pu connaître cet homme de bien dont le nom rappelle de si touchants souvenirs.

« Sa mort subite avait frappé tous ses amis de stupeur. Marié à Paris il y a quelques jours seulement avec une noble femme bien connue par sa charité pour les pauvres du voisinage de son habitation, c'était avec joie que les habitants du pays de Savennières avaient appris son mariage avec le comte de Las Cases, et ils s'apprêtaient à son retour à lui souhaiter la bienvenue, lorsqu'est arrivée la nouvelle de sa mort.

« Personne ne voulait y croire, car cette nouvelle était un deuil pour chacun ; tout le monde savait que malgré la haute position qu'occupait le comte de Las Cases, il était toujours resté accessible à tous ; chacun savait que le plus élevé comme le plus humble, ayant quelque service à réclamer de lui, trouvait toujours accès près de sa personne ; chacun savait que le malheur et la misère étaient toujours secourus par lui, et il y a quelques jours encore, la veille de son mariage, chaque maire des communes voisines de ses propriétés recevait pour les pauvres un nouveau tribut de sa bienfaisance.

« Une plume plus exercée que la mienne a déjà esquissé la vie du comte de Las Cases, je dirai donc seulement que, page de Napoléon Ier, il avait partagé avec son père l'exil et la grande infortune, et qu'élevé à l'école du malheur, il avait appris à le secourir partout où il le rencontrait.

« Homme d'une instruction profonde, d'un caractère réfléchi et appréciateur, de mœurs et d'habitudes les plus douces et les plus simples, comblé des marques de l'estime de ses concitoyens, il siégea pendant dix-huit ans à la Chambre des députés et n'accepta jamais du gouvernement que des fonctions gratuites et où il sut toujours se concilier l'estime et l'amitié de tous ceux qui l'entouraient. Nommé, il y a trois ans, membre du conseil général du canton de Chalonnes, puis appelé quelque temps après par l'Empereur à la haute dignité de sénateur, il ne se servait de l'influence que lui donnaient son nom et sa position que pour se rendre utile à son pays.

« Vivant au milieu d'une famille dont l'union la plus intime et la plus fraternelle a toujours été le symbole, il y laisse de trop justes regrets.

« Il serait donc inutile d'essayer de calmer la douleur bien ressentie de la perte de ce frère bien-aimé, seulement, comme interprète des sentiments des populations voisines de son habitation, qu'il me soit permis de dire, comme consolation à cette famille affligée, que le nom d'Emmanuel de Las Cases vivra pour toujours dans le souvenir de tous ceux qui l'ont connu.

« Ch. Rousseau de Labrosse.

« Savennières, juillet 1854. »

Enfin, M. le préfet de Maine-et-Loire a voulu payer lui-même au comte Emmanuel de Las Cases un juste tribut d'estime et de regrets. Dans l'exposé qu'il a présenté au conseil général, à l'ouverture de sa session de 1854, M. le préfet s'est exprimé ainsi :

« Je ne puis voir s'ouvrir votre session, messieurs, sans remarquer, comme vous l'aurez fait déjà, le vide profondément regrettable qui s'est produit dans vos rangs. M. le comte de Las Cases n'avait pris part qu'à deux de vos réunions, mais chacun de nous connaissait déjà auparavant cette vie commencée près d'une grande infortune et illustrée par le dévouement. Et, à côté de ces conditions d'éclat, quelle modestie, quelle aménité de caractère, qualités qu'il faut louer toujours quand on les rencontre, même, comme c'était le cas, à côté des dons les plus brillants de la capacité et du mérite, parce qu'avec elles on double les services que l'on peut rendre et dont M. de Las Cases était prodigue ! Le conseil général, le sénat, le pays ont fait une grande perte et je l'éprouve plus vivement que jamais, au moment où j'ai à compter un membre de moins dans cette assemblée qui a donné, depuis cinq ans, à mes efforts, un concours si efficace.... »

Il est consolant de voir ainsi un concert unanime d'éloges et de regrets rendre justice à l'homme de bien et honorer sa mémoire. Mais, grâces au ciel, comme le disait un des orateurs que nous avons cités, la famille de Las Cases ne s'éteint pas. Le baron Barthélemy de

Las Cases qui, jusqu'à présent, s'était constamment effacé, heureux de voir se concentrer sur son frère seul tous les témoignages d'affection et de confiance que le pays accordait à leur nom, devient désormais le chef de la famille. Il a servi avec distinction, pendant quatorze années, sous les amiraux Lalande, Casy, Parseval, Bruat et de la Susse; deux fois il a été aide-de-camp des amiraux-ministres Duperré et Roussin : en 1840, commandant la station de Constantinople, il fut décoré en récompense de la fermeté avec laquelle il avait su, dans une circonstance difficile, forcer le commandant d'un bâtiment de la marine impériale Russe, à respecter le pavillon français. Il remplacera son frère pour tout le bien qu'il lui sera possible de faire : profondément touché et vivement reconnaissant de tant de preuves d'intérêt et de sympathie, il saura, comme son frère, se vouer aux intérêts du pays et il enseignera à ses jeunes fils à perpétuer les nobles traditions de la famille et à en soutenir dignement le nom.

Paris, 28 août 1854.

Imprimerie de W. Remquet et Cie, rue Garancière, n. 5.